**united**
**p.c.**

AF216883

Alle Rechte der Verbreitung, auch durch Film, Funk und Fernsehen, foto-
mechanische Wiedergabe, Tonträger, elektronische Datenträger und aus-
zugsweisen Nachdruck, sind vorbehalten.

Für den Inhalt und die Korrektur zeichnet der Autor verantwortlich.

© 2015 united p. c. Verlag

Gedruckt in der Europäischen Union auf umweltfreundlichem, chlor- und
säurefrei gebleichtem Papier.

www.united-pc.eu

# horst lothar renner

# zeile um zeile

## weinland – kulturland

### gedichte

## zum besseren verständnis

im herbst vorigen jahres besuchte ich mit einigen
freunden die südsteiermark. wir genossen wein und
weinkultur.
wochen später trafen wir einander zu einer
weinverkostung und ich rezitierte als kulturelle
abrundung des abends zwei von mir inzwischen
verfasste gedichte über die steirischen weinstrassen.
die positive aufnahme brachte mich auf die idee, über
sämtliche weinbaugebiete österreichs - über eine
charakteristische gegend oder einen bestimmten ort -
je ein gedicht zu schreiben.
in meiner vorstellung war aber auch immer eine
literarische umsetzung der zu den landschaften
passenden rebsorten präsent.
ich versuchte daher diese weinvielfalt mit meinen
künstlerischen mitteln, mit unterschiedlichsten
betrachtungsweisen und ausdrucksformen, zu
dokumentieren.
die dokumentation soll nun aber nicht als ein abbilden
oder beschreiben verstanden werden. der abruf eines
bestimmten weinbaugebietes oder einer rebsorte
erfolgte immer in der form der freien improvisation.
die einzelnen texte sollen dem leser anstoss sein, die
inhalte, kraft seiner kreativen fantasie, zu erweitern und
zu erleben.
nehmen sie ein glas des besten weines. das buch halten
sie ja bereits in händen.

hlr

## südsteiermark - südsteirische weinstrasse

wo geschwungenes
           und wo gewölbtes
eingeflossen in das
          wo
gegrüntes stocksteif steht
wo der traubenhang
          der holzverbund
die geschichten schreiben
stillgestanden tonlos
          sitzend
wortlos
sinnlos
nur ersatz wofür
nur ersatz
          wozu
immer die vergleiche
          bringen
wenn der wind
          das rad
der wind
          aasgeruch noch heute
          blutgetränkt auch jetzt
rotes
          auf dem tischtuch
fleisch und brot und wein
wo gewölbtes
          und geschwungenes
wo die nebelbank
          der wasserfilm
eingeflossen in das
          wo

zufriedenheit die landschaft
                              prägt
steht die zeit
denn wer kommt
                und geht
der bleibt

## gelber muskateller

das abenteuer eingegangen
und mit verbundenen augen
in das geheimnis getaucht
wildkräuter gerochen
die arznei geschluckt
und erleichtert
den harmonischen abgang
als belohnung empfunden

## südsteiermark - sausaler weinstrasse

zu plakativ
um schön zu sein
           und doch
zu schön
      um als klischee
zu enden
wer oben ist
      holt luft
wer unten steht
        der atmet
die spitze des gemäuers
fängt gedanken
ins weite land führt jede zeile
im weiten land liegt das vergessen
das weite land ist ohne licht
    verderben hat ein haus
    und auch der tod
wer wein geniesst und denkt
wer denkt
      und mitteilt was er fühlt
fuhr diese strasse ab
so hin und her
so auf und ab
so kreuz und quer
hielt inne
      und hielt rast
der platz im schatten
ist der sonnenplatz

## sauvignon blanc

die feinen haare
der brennessel
kaum berührt
und die fingerspitzen
ganz sacht
zu den lippen
geführt
welch ein ton

## weststeiermark - schilcher weinstrasse

eingefasst
hervorgehoben
eingebettet
 ausgesetzt
und
stock an stock
 doch nicht zum horizont
und
haus an haus
 nein
nicht zum horizont
der dumpfe bodenkult
verbirgt sich tief im keller
und fluchtversuche enden immer
als versuche
bergauf läuft
 alles
läuft bergauf
auch wenn der blick nach unten zielt
die landschaft zwingt nicht zu erinnerungen
sie will nicht anders sein
so wie der wein
so wie das bild
das eingerahmt
 und umgemalt
bestehen bleibt
auch in der ferne

**schilcher**


aufgerissene
weichgewordene zwiebel
tropft ihren saft
in einen honigtopf
der papst zeigte erstaunen
über essigwasser
aus dem krug

## südoststeiermark - klöcher weinstrasse

ist es das alte grün
das immergrün
oder das neue
ist es die nähe
zu
    und von
ist es das hügelland
die burg
    der weiher
oder der stumpfe fels
    der aus den reben bricht
ist es das licht
die spiegelung
die stimmung
ist es der wein
    der manchmal schönt
oder der einwurf
        grenztot vergangenes
        grenzgrell die zukunft
das ist es nicht
        oder ist
ist es erinnerung
ist es die farbe
ist es das feld
    mit zerhackter frucht
oder der wald
    dieses düstere bild
oder sind es die menschen
die
    die hier leben
oder die

13

die nie bleiben
oder ist es die zeit
ist es die alte
oder die neue
was es auch ist
das ist es nicht

**traminer**


die verwelkte blume
zum trocknen gelegt
und zum trocknen gelegt
auch die rose
die zerbrechliche rose
gefunden im buch
und gefunden im buch
auch die blüte

## südburgenland – heiligenbrunn


strohermattet
      hingekauert
pausenlos
      die ruhe
landesende
endlichkeit der sicht
lehmerstanden
      holzverstrebt
das signal auf weiss
was vergangenes zu bieten hatte
zeigt sich
zeigt sich
      gelb und braun
zeigt sich pausenlos
      und unfassbar
zeigt sich im gespräch
zeigt sich in der flasche
      auf dem tisch
            im glas
angestossen
      ausgestossen
fraglos
      dann der blick
fraglos
      auch die fragen
wie es war
      und
wie es ist
antwort
      gibt die zeit
pausenlos

16

## zweigelt


rauchton am gaumen
und rauchschwaden
in der luft
die schuhe
zum warmen ofen gestellt
nach kurzer pirsch
durchs feuchte unterholz

## mittelburgenland

es sind die sanften schwünge
wie vom kamm gezogen
es ist die einfachheit
die hier geschichte schreibt
wo buntes nie zuhause war
und dunkles rot als farbe
im gedächtnis bleibt
es ist das niemandsland dazwischen
es ist die falsche melodie
es ist der hunger nach dem durst
es ist die müdigkeit
die zum verweilen zwingt
es ist
      und es ist nichts
ist es
ist es das unbekannte muster
nach dem das leben leben lebt
ist es der erste schluck
ist es der letzte
ist es das rad
das sich nicht dreht
ist es die einsamkeit
ist es die stimme
leises gespräch im engen raum
oder das dunkle rot
das im gedächtnis bleibt
und zum verweilen zwingt

**blaufränkisch**


sonnenschirmgeschützt
beim ausgedienten fass gestanden
rostiges eisen
und angefaultes holz
rissige dunkle erde
und den weichen teerbelag
nicht nur gesehen
den leichten säuerlichen hauch
nicht nur gerochen

## neusiedlersee hügelland

von wo auch immer
ist die sicht gegeben
und nie und nimmer
zeigt der see sich
wie er war
und wie er ist
der wein wächst in das schilf
und schilf steht tief ins wasser
und alles endet
endet
       nur in sich
die hügel tragen kirchen
oder türme
       in der erinnerung
oder auch nichts
die häuser
trennt der schattenstrich
die alten mauern
stützen blumen und geräte
und ferner klang tönt an
und täuscht
       verspricht
im keller lagert qualität
und wein wird älter
der sommer und der herbst
bebildern den prospekt
von wo auch immer
sinkt der dichte nebel
und alles endet
endet
       ohne sicht

**cabernet sauvignon**


den dialog beendet
und den körper entspannt
das glas erhoben
doch nicht den wein
nur reiches aroma getrunken
und trunken hinweggeträumt
und mit gespannten sinnen
den dialog eröffnet

**neusiedlersee - seewinkel**

die wiese ist eine wiese
   ist keine wiese mehr
die weide ist eine weide
   ist keine weide mehr
der rasen ist überall
   wie der asphalt
   wie der beton
   wie hohlblock und eisen
was bleibt ist der see
               ist der garten
traubenbehangen
vom hügel herab in die weite
rebengeschichte und leseschnitt
von der presse ins fass
vom mut
    zum geschmack
der see liegt sandig am horizont
ein weisses segel schlägt ein buntes
die orte sind laut
       gesichtslos
           blumengeschmückt
oder still
     oder unsagbar traurig
die vögel im schilf
       zeigen
zeigen
    was es zu zeigen gäbe
und manchmal gibt ein gemaltes bild
eine neue sicht
ein neues verständnis
       abhandengekommener kultur

so nimm ein glas des besten weines
     die zukunft
könnte vergangenes bringen
     bei geschlossenen augen
und die schwirrende wolke der stare
fällt in die gärten
denn die gärten sind gärten
 und werden noch gärten sein
traubenbehangen
und die wiese ist eine wiese
 ist keine wiese mehr
und die weide ist eine weide
 ist keine weide mehr

**ruländer**


nach ölzeug
dickem tau
nach vollgesogenem holz
gegriffen
gebrannten zucker noch im mund
vom letzten schluck
vom allerletzten

**neusiedlersee – halbturn**

im vorspiel klingt umgebung an
der wald
        die rosenfelder
                und der wein
von der basilika durch die tschardakenschlucht
zum schloss
und unterm maulpertschhimmel
nach dem gehen sehen nachempfinden
nachempfunden
den bogenstrich
        den anschlag
                den trompetenstoss
wo schollums wirken noch zu spüren ist
sind selbst die blinden fenster
fenster zur kultur
        und auch der sortendreiklang
        rot und weiss und grauburgunder
        wird genussvoll ausgespielt
im schlusssatz führt der weg zurück
führt zur erinnerung
        der schön gedeckte tisch danach
        und das konzert davor
die klänge
        der geruch
                geschmack
verbinden sich zur symphonie
die nachklingt
                und verebbt
die sonnenblumen
                haben ihre köpfe
abgewandt

**bouvier**

von poesie getragen
zeile eins
und auch die letzte
dazwischen liegt alltägliches
liegt reichtum
armut
leer und voll
und weich
und kantenlos
und lebensfremd

# carnuntum

steinernes tor im leeren raum
anfang des weges
          der wanderung
und später
staubspur im schritt
doch das vertrauen
          auf baldige rast
hält die bewegung
im gang
kommt immer näher
          kommt näher
und kommt
          kommt viel zu früh
dieses fallenlassen
dieses genussvolle atmen
zufriedener blick
          in die runde
und der entschluss
sitzen zu bleiben
hier
      eben hier
nahe der unsichtbaren quelle
die flaschenverpackt
          das weite sucht
die wackelige bank gibt stütze
und braucht selber eine
im wein liegt
          stengel blatt und kern
und von der stimmung lässt sich sagen
dass sie stimmt
noch stimmt

die kellergasse um die mittagszeit
lässt ahnen
wie der tag
zu ende gehen wird

**st. laurent**


ein bild von klimt
und der geruch von frauen
die männern
in die augen stechen
ein kleid aus rotem samt
in einer schwülen
nacht

## thermenregion – gumpoldskirchen

wie aus einem aquarell geworfen
wein und farbe
wasser
    nur bei regen
hässlichkeit hat viele namen
schönes
    eine zeit
wo die kirchturmspitze blaues balanciert
und gemäuer
    sich in grünes zwängt
bruchstück
    fundstück
        perle
ohne schnur
eingefasst vom schweren stein
und zur schau gestellt
nachbarorte halten hof
    halten sich zurück
    sonnen sich im glanz
wie im laubenhof die alten tische
die auf glas und flasche warten
menschen kommen aus der stadt
und fallen ein
leiser war
    was lauter wird
mitgebrachtes säumt die strasse
die sich silbrig durch das schwarze schneidet
rot ist weiss
    und spät
und spät
    kann heute sein

**zierfandler**


dem wald entkommen
fast im flachen land
die aschenglut
strahlt nur noch sonnenwarm
erstickt im wasser
nur im wein
ist rest des feuers
der süsse rauch liegt schwer
über erloschenem

## wien

wienland ist weinland
        ist stadt
der weinberg hält den wald im zaun
und gibt der stadt den rahmen
und nussdorf spielt
und döbling tanzt
und heiligenstadt singt von der liebe
es war der wein
        es ist der wein
                es ist
musik die anders klingt als anderswo
ein lied als hilfloser protest
und grinzing träumt
und sievering hofft
und neustift am walde verliert sich im glauben
es war nur wein
        es ist nur wein
                es ist
das abgegriffene volle glas
das freunde und fremde vereint
und stammersdorf weint
und strebersdorf lacht
und jedling philosophiert über das sterben
es war ein wein
        es ist ein wein
                es ist
das himmelreich missbrauchter seelen
mit tafelwein als lebenselixier
denn wienland ist wien
        ist weinland
                ist stadt

# müller-thurgau

das verlangen gestillt
ohne anspruch und wunsch
und ohne befremden
die eigenart wahrgenommen
zufriedenheit ausgestrahlt
ohne wissen davon
und ohne bestreben
glücklich gewesen
ganz nebenbei

## wien – dornbach

beim läuten der glocken
die erde verlassen
und in den keller gestiegen
oftmals im jahr
zu den heiligen zeiten
bei einfacher kost
den einfachen wein getrunken
bewusst
    die auslesen
nicht in betracht gezogen
aus dem gedächtnis
    kopien belichtet
und namen zitiert
alsegg
    sankt peter
    und himmelmutterweg
der weinwuchs im wechsel
der strassenbahnfahrten
    und
die riede ist menschlich
ist menschenleer
die gezeiten alt neu
auf der insel erlebt
im tosen der stimmen
die eigene
    und die der freunde
nicht mehr gefunden
und was verloren geglaubt
ward manchmal herangespült
blieb liegen im sand
    und wurde beleg

beim läuten der glocke
den keller verlassen
und
    zurückgekehrt

# weissburgunder

den anschlag wohldosiert
der saite
hell im klang
den fremden ton
entlockt
wo hochkultur
den inhalt neu bestimmt
prägt wissen
den geschmack

**donauland**

auf beiden seiten liegt die wahrheit
auf beiden seiten wächst der wein
der donaustrom
        bringt nur nach wunsch
sich ein
    und bleibt
in sicherer distanz
das heer der hölzernen soldaten
steht drahtgefesselt
        hier und dort
und dient
    zum allererstenmal
und dient in dieser form
dem guten
das bühnenbild des winters
ändert sich im zweiten akt
die alten herrscher sind gestorben
vergessen hat sich breit gemacht
und lustvoll
      wechselt lust die seiten
da ist der kuppelglanz
        der platz
           das stift
in seiner imposanten grösse
da ist das riesengrosse fass
das auf die pilger wartet
aus einem wallfahrtsort
sind orte
    plätze
      tiefe keller
und

neue wallfahrtsziele ausgewachsen
zum brückenschlag
der weinkultur
der wagram grünt der donau zu
mit kellergassenstreifen
das linke und das rechte ufer
sind bereit
und warten
trunken
auf beiden seiten wächst der wein
auf beiden seiten
liegt die wahrheit

**chardonnay**


feinblättriges
und fadiges gelb
auf grün
blaues und violettes distelgewächs
in einer vase
aus metall
wer
kommt wem zuvor
und wer
geniesst danach

**traisental**


den unterschied erschaut
im alpenland
im vor
    im alpenland
den unterschied genossen
        und
dem wegweiser gefolgt
die schneekappe gezogen
und durch die ebene
        gedacht
bei tiefen schnitten weggeschlafen
kurz
    und nur solange
bis keine last zu tragen war
den zeugenstand vermieden
bis zum ziel
auf sandigem
        auf schottrig lehmigem
erwacht
im riedenbett
        auf fernblickhöhe
die pfade in die täler
ausgetreten
    und
zur pforte vorgedrungen
doch nicht durchschritten
        nie gewollt
nach bleiben stand der sinn
im dunstkreis
    all der düfte
        und

geblieben
        und geschrieben
                und getrunken
hier
    inmitten

## welschriesling

frühstück im grünen
von renoir
nachgestellt in kniehoher wiese
die es zu finden gab
auf weissem tuch
erglänzten die äpfel
sonnengetroffen

## wachau

ob sie hier endet
        oder beginnt
das ist die frage
ob melk oder göttweig
        der wächter ist
das ist die frage
nicht
der träge fluss
        hat eine antwort längst gefunden
er schiebt die schiffe
        lautlos durch das bild
vorbei an wundervollen gärten
direkt ins blasse blütenmeer
den schlächtern
        ist das töten untersagt
und was geschehen ist
        geschah nicht hier
geschieht nicht jetzt
der tausendeimerberg leert seine eimer
und goldtracht tritt die trauben flach
ins karge urgestein gehämmert
hat schönheit als modell gedient
die landschaft
        ist zur schaustellung bereit
die öffnungszeiten
        die sind angeschlagen
der stein des ortes
und die steine der ruine
sie stossen an
wie glas an glas
und rollen herab

und bilden
        die hängenden gärten
und türmen sich auf
und warten
und warten
        auf modellierende hände
ob es hier endet
        oder beginnt
das ist die frage

**riesling**


nur langsam
trocknet die wunde
vernarbt der schnitt
verbündet sich grün
mit fahlem gelb
liegt löwenzahn
neben alter zitrone

## kremstal - krems

die weinstadt krems
und und
und stein
in mittelalterlicher rüstung aufgebrochen
spätgotisch fiel der bogenwurf
der renaissance verbunden
              und in gold gegossen
vom barock
kulturstadt krems
und und
und stein
die engen gassen schrieben alles alte auf
die dunklen bauten wurden bücher der geschichte
und wo die sonne auf die seiten trifft
steht nichts von ungeklärten fällen
die braunen flecken
              deckt das weinlaub zu
im herbst
      im wind
herbeigeweht von hängen
die in die strassen wachsen
es lebt sich gut
in krems
und und
und stein
und keiner geht
           und viele kommen
und auch die kunst ist eingezogen
jetzt
die neue kunst
und hat das fass gefüllt

der inhalt
            ist zur probe freigegeben
in krems
in und
in stein
und nur der rote wein
ist noch verschlossen

**neuburger**


sanft und geschmeidig
voll anmut ausgewogenheit
und dichte
so unbeschreiblich
lässt sich unbeschreibliches
beschreiben
wie es schmeckt

**kamptal**


nicht gezeichnet
nicht gedruckt
sondern gegossen
mit feinsten strichen
die rundungen ziseliert
von flachen mulden
laufen die strassen
zu tieferen mulden
und nur die kleinen wege
enden im nichts
und führen zurück
und zeigen den widerspruch
                  auf
der
    hinter vorgehaltener hand
von innen nach aussen drängt
    in die eine richtung gedacht
    in die eine richtung gesprochen
    nie gegen den wind
              bei sturm
im chor braver stimmen
mitgesungen
        und genickt
und später im hof
          in gemütlicher runde
im schattengeflecht
das glas erhoben
und noch etwas später
ein zweites getrunken
ein drittes
      ein viertes

und alles so genommen
wie es zu nehmen war
den druck der hitze
                    vom hellenstein
oder höllenstein
                    oder heiligenstein
fast nicht ertragen
und gestern und heute
                    durcheinander gebracht
die kraft des weines
                    missdeutend
beim abschied
den nächsten besuch
angekündigt

# blauer burgunder

wenn schleier sich
vom schleier löst
und sicht gegeben ist
für augenblicke
wenn steil
terasse aus terasse wächst
und buttriges auf wärme schwimmt
ist nicht nur zeit
zerronnen

**weinviertel**

geschwätzigkeit nicht mehr ertragen
die szenerie der feiertage nicht goutiert
den gleichklang aller urlaubsorte übertönt
mit stille
    im verkannten land
im ausweichsland
     im durchzugsland
veltlinerland
im viertel
    das dem wein gehört
geträumte sichten
    burgen schlösser
erwachen zu verträumten stätten
und buschenschanken
    friedlich neben wehrkapellen
sind mahnmale
    der fröhlichkeit
veltlinerland
    ein vielfaltland
ein heimatland
    unsterblichkeit braucht grosse gräber
    das sterben deckt die erde zu
kein heimatland
    ein schönes land
ein zentrum
    steingewordener kultur
sehr spät begonnen
    doch begonnen
die ernte eingebracht
    im neuen mass
und wein als wein

vergraben
die kleinen fässer bergen gold
in tiefen kellern liegt die lust
aus diesen kellern
                    kommt der glaube

## grüner veltliner

die hitze
liess nur das eiklar stocken
grobgemahlener pfeffer
wird gegen den dotter gedrückt
und lässt ihn platzen
die gelben fäden
erstarren im wasser
der angeschmorten paradeiser

# weinviertel - haugsdorf

die kellertrift emporgestiegen
zu gegebener zeit
          die eine
die andere
       bergab geschlendert
und den kreis geschlossen
tische
       beladen mit allem
bänke besetzt
       auch die stühle
von vielen
im presshaus den schutz genossen
und die panik hinuntergespült
    der stachellose draht
      fängt keinen wind
    der stachellose draht
      hält nicht die angst
   im zaun
und von der kellertemparatur
wieder zur sonne getrieben
in die farbigkeit der bewegung
das lachen
      als teil des dialogs
klassifiziert
und das eher seltene weinen
als bruchteil
zickzack gegangen
       aus freude
und staunend stehengeblieben
die bank besetzt
      und den stuhl

vom tisch genommen
                    von allem
und erneut die runden gezogen
ohne ende
ohne ende
            bevor es zu ende ging

## blauer portugieser


flieg fort sehnsucht
flieg fort
die leichtigkeit genossen
nicht gedacht
an bleibendes und kommendes
gewesenes erwählt
und diesen tag gelebt
in stunden
bleib hier sehnsucht
bleib hier

**horst lothar renner**

geb. 1936 in wien. lebt und arbeitet in wien.
veröffentlichungen von lyrik und prosa. aufführungen von
theaterstücken und hörspielen.
teilnahme an ausstellungen „visuelle poesie" im in- und
ausland.
auszeichnungen: preise für prosa, hörspiel und lyrik.

**geniessen**
**ohne zu denken**
**ist wie fliegen**
**ohne flügel**

Zeitfracht Medien GmbH
Ferdinand-Jühlke-Straße 7
99095 Erfurt, Deutschland
produktsicherheit@kolibri360.de